全国职业院校智能网联汽车新形态工作手册式教材

全国技工院校智能网联汽车工学一体化教材

车路协同系统装调与测试
习题册

主 编 姜 成

中国劳动社会保障出版社

简介

本书是全国职业院校智能网联汽车新形态工作手册式教材 / 全国技工院校智能网联汽车工学一体化教材《车路协同系统装调与测试》的配套用书。习题册内容紧扣教材的教学要求，注重基础知识的巩固和基本能力的培养，知识点分布均衡，题型丰富，难易适当，有助于学生复习巩固所学知识。

本书由姜成任主编，夏敏参加编写。

图书在版编目（CIP）数据

车路协同系统装调与测试习题册 / 姜成主编 . 北京：中国劳动社会保障出版社，2024. --（全国职业院校智能网联汽车新形态工作手册式教材）（全国技工院校智能网联汽车工学一体化教材）. -- ISBN 978-7-5167-6530-2

Ⅰ. U463.67-44

中国国家版本馆 CIP 数据核字第 2024275AH7 号

中国劳动社会保障出版社出版发行

（北京市惠新东街 1 号　邮政编码：100029）

*

保定市中画美凯印刷有限公司印刷装订　　新华书店经销

787 毫米 × 1092 毫米　16 开本　3.5 印张　53 千字

2024 年 6 月第 1 版　　2024 年 6 月第 1 次印刷

定价：9.00 元

营销中心电话：400-606-6496

出版社网址：http://www.class.com.cn

http://jg.class.com.cn

Contents 目录

情境一
车路协同系统安装与调试

任务一　装调工作方案制定

一、填空题

1. 车路协同系统所应用的关键技术包括____________、____________、____________、____________和____________等。

2. 车联网是通过无线网络按照约定的通信协议和数据交互标准，在____________、____________和____________之间进行无线通信和信息交互的一体化网络。

3. 车联网是物联网技术在智能交通系统领域的延伸，是通过网络技术将____________、____________、____________和____________等与交通相关的要素全部接入互联网形成的通信网络。

4. 根据信息交互双方的属性，V2X 作为通信方式有____________、____________、____________、____________和____________五种类型。

5. 车路协同系统的应用场景有五类，分别为____________、____________、____________、____________和____________。

6. 车路协同系统的应用场景中第二阶段安全类应用场景包括____________、____________、____________、____________和____________等。

7. 车路协同系统的应用场景中第一阶段效率类应用场景包括____________、____________和____________等。

8. 车路协同系统的应用场景中第二阶段效率类应用场景包括____________和____________等。

9. 进行车路协同系统装调工作前需要获取____________、____________、____________和____________四方面的信息。

10. 北京市亦庄高级别自动驾驶示范区内开展“____________、____________、____________、____________和____________”五大体系建设。

11. 车路协同系统的综合应用场景中应用层面包括____________、____________、____________、____________和高精度定位等。

12. 车路协同系统是车、路、云一体化融合控制系统，主要由____________、____________、____________和____________组成。

13. 智能基础设施体系主要以智慧道路为主体，由____________、____________和____________组成。

14. 信息安全管理体系应对整个一体化网络面临的安全威胁，防范____________、____________和____________等问题。

15. 车路协同系统中的路侧系统主要包括____________、____________和____________。

16. V2X 云服务平台主要由____________、____________和____________等组成，用于云端服务，实现大数据 /AI 算法智能分析、交通调度优化、____________、____________、____________和信息服务等功能。

二、选择题

1. 智能交通系统的英文缩写为（　　）。

A. HTS　　B. ITS　　C. JTS　　D. KTS

2. 车联网的英文缩写为（　　）。

A. IOV　　B. JOV　　C. KOV　　D. LOV

3. 物联网的英文缩写为（　　）。

A. IOG　　B. IOR　　C. IOS　　D. IOT

4. 车联网所采用的车路协同无线通信技术一般被称为 V2X，目前 X 不包括（　　）。

A. 车　　B. 人　　C. 网络　　D. 住宅楼

5. 根据行业对车路协同系统的分阶段普及与推广，我国车路协同系统应用被划分为（　　）个阶段。

A. 1　　B. 2　　C. 3　　D. 4

6.（　　）高级别自动驾驶示范区是全球首个城市级高级别自动驾驶示范区。

A. 北京市亦庄　　B. 广东省深圳市

C. 江苏省无锡市　　D. 云南省大理市

7. 智慧道路两侧与车道上方架设的智慧路杆集成有（　　）装置。

A. 摄像头　　B. 激光雷达　　C. GPS 定位　　D. 以上选项都对

三、判断题

1. 车路协同系统的实现不需要车联网的成熟应用。（　　）

2. 车联网是能够实现智能交通管理控制、车辆智能化控制和智能动态信息服务的一体化网络。（　　）

3. 我国车路协同系统应用的第一阶段应用场景在技术上较为简单，易于汽车企业和交通部门施行，多数已经被大规模商业化运用。（　　）

4. 我国车路协同系统应用的第二阶段应用场景所使用的技术更加先进和复杂，现阶段已经被大规模示范运用。（　　）

5. 我国车路协同系统的应用场景中第一阶段信息服务类应用场景包括汽车近场服务等，第二阶段信息服务类应用场景包括差分数据服务和场站路径引导服务等。（　　）

6. 车路协同系统的应用场景中动态车道管理被划分为交通管理类，不属于效率类。（　　）

7. 在车路协同技术应用方面，我国在世界范围内处于领先地位。（　　）

8. 北京市亦庄按照“试验环境搭建－小规模部署－规模部署－场景拓展和优化推广”的步骤逐步扩大建设范围。（　　）

9. 湖南省长沙市的智慧交管系统包括 87 个智能路口，可以形成“感知、研判、指挥、处置、预防”的闭环。（　　）

10. 自湖南省长沙市的智慧交管系统运行以来，公众出行的体验感及交通出行的安全性有所提升，但是提升幅度有限。（　　）

11. 车路协同系统的综合应用场景主要由车与路、网、云、应用四个层面组成。（　　）

12. 智能网联汽车均搭载摄像头、毫米波雷达、激光雷达等传感器和控制芯片、计算平台、通信终端部件，具有环境感知、智能决策与对外通信功能。（　　）

13. 智能基础设施体系中的智慧道路两侧设有专用计算装置，用于路面交通数据的实时采集与处理。（　　）

四、简答题

1. 简述车路协同系统的定义。

2. 我国车路协同系统的应用场景中第一阶段安全类应用场景包括什么内容？

任务二　网联通信方案确认

一、填空题

1. 目前，世界范围内的车联网主要有________________和________________两套网联通信技术方案。

2. 专用短程通信设备基于专用短程通信标准，主要包括____________和____________两部分。

3. 车载单元（OBU）是一种具有______________功能和______________功能的移动识别设备，既可以作为独立的数据载体成为单片式电子标签，又可以通过附加一个智能卡读写接口成为双片式电子标签。

4. 蜂窝网络由____________、__________和____________三部分组成。

5. 基于蜂窝的通信（C-V2X）有两种通信方式，分别为_________和_________。

6. C-V2X 中的 PC5 接口主要有____________和____________两种资源分配方式，保证通信资源的高效分配。

7. C-V2X 的网络架构一般由______________、____________、_______和__________等组成。

8. 车路协同系统的部署方式受到功能、_____________、_____________、__________、______________、项目周期与成本等多方面的要求和制约。

二、选择题

1. 专用短程通信的英文缩写为（　　）。

A. ASRC　　B. BSRC　　C. CSRC　　D. DSRC

2. 国际上 IEEE 802.11p 标准将 5.850 ~ 5.925 GHz 之间长度为（　　）MHz 的频段用于智能交通系统中的无线电服务。

A. 70　　B. 75　　C. 80　　D. 85

3. 每辆车都会在 CH（信道） 172 中，以（　　）次 /s 的频率交换专用短程通信的基础安全信息，紧急信息则会在 CH 184 中以更高的优先级进行传播。

A. 10 ~ 20　　B. 15 ~ 25　　C. 20 ~ 30　　D. 25 ~ 35

4. 下列选项中，不属于蜂窝网络移动站的是（　　）。

A. 智能网联汽车　　B. 智能手机

C. 激光雷达　　D. 蜂窝工控设备

5. 在蜂窝通信的发展历程中，20 世纪 80 年代初诞生了第（　　）代移动通信系统即蜂窝移动电话系统。

A. 一　　B. 二　　C. 三　　D. 四

三、判断题

1. 车路协同的前提是交通要素间快速、准确的信息交互。（　　）

2. 交通管理部门的管控指令包括限速、禁行、交通管制、拥堵、遗撒、施工等。（　　）

3. 道路基础设施的信息、路侧感知到的交通参与者信息、交通事件信息、交通管理部门的管控指令直接传递给车辆本身，供驾驶员或自动驾驶系统进行驾驶行为决策。（　　）

4. 路侧单元（RSU）是车载单元（OBU）的读写控制器，通过 DSRC 通信协议的数据交互方式和微波无线传递手段，可实现 RSU 与 OBU 之间安全可靠的信息交互。（　　）

5. 在基础安全信息中，车辆的尺寸、位置、速度、方向、加速度、制动系统状态等不是强制性信息。（　　）

6. 在基础安全信息中，车辆的历史路径、传感器数据、转向盘状态等是可选信息。（　　）

7. 随着新技术的发展，专用短程通信技术没有被逐渐取代，其优势仍然很明显。（　　）

8. 在蜂窝网络中，智能网联汽车、智能手机或蜂窝工控设备属于基站系统。（　　）

9. 2011 年，3GPP 发布了第五代（the 5th generation，5G）移动通信系统，即宽带数据移动互联网通信系统。（　　）

10. 预计在 2030 年，第六代（the 6th generation，6G）移动通信系统将开始商业化运行。（　　）

11. 现阶段相对简单的车路协同场景如道路辅助安全类场景的底层技术一般为 NR（new radio）-V2X。（　　）

12. NR-V2X 与 LTE（long term evolution）-V2X 将以互补的关系共同支撑 C-V2X 的应用，彼此配合，可共同支撑面向完全自动驾驶的车路协同。（　　）

13. 在没有蜂窝网络覆盖的场景下，终端设备之间通过 Uu 接口进行通信。（　　）

14. 车联网通信的工作频段由车企自主决定，不需要政府部门参与。（　　）

15. 车路协同通信系统 3.0 部署方式应用于车辆提供自身状态信息和控制信息，获取实时道路信息，道路进行状况感知和发送实时路况通知及其他简单信息通知，以及技术上具备摄像头、雷达、线圈等传感器的大范围部署和图像识别、交通流量统计技术能力的应用场景。（　　）

四、简答题

1. 简述车路协同系统对通信网络能力的要求。

2. 简述专用短程通信的优点。

3. 简述 C-V2X 的发展历程中第四阶段的功能。

4. 在车联网通信技术中，相比于专用短程通信，LTE-V2X 具有什么优势？

5. 对车路协同系统进行部署前需完成哪些确认工作？

任务三　C-V2X 车载单元（OBU）安装

一、填空题

1. OBU 的功能包括______和______两类。

2. OBU 的配置管理和设备认证功能支持______和______两种参数配置方式。

3. OBU 部件检查包括______、______和______三项工作，以确保部件领取无误且满足装车要求。

4. 对 OBU 进行部件检查时，需核对部件附带的技术手册上的 V2X 通信制式与标准、______、导航定位功能参数等是否与图纸或装调任务书上的一致。

5. 车联网中的 OBU 的典型基本架构包含______、______、______和______四个子系统。

6. OBU 的无线电通信子系统用于接收和发送______。

7. OBU 的定位系统通常包含全球导航卫星系统接收器，用于提供车辆的位置、方向、速度等信息，该系统可以通过______、______和______等来增强定位能力。

8. 除了基本架构，OBU 还具有______、______、______和外围单元等部件单元。

9. OBU 的外围单元是指______、______和______等部件。

10. OBU 一般安装于车辆的______或______。

11. OBU 安装部署主要分为______、______、______、______和______五个步骤。

二、选择题

1. 空中下载技术的英文缩写为（　　）。

A. MTA　　B. NTA　　C. OTA　　D. PTA

2. 目前，OBU 支持通过（　　）等提示方式与驾驶员进行人机交互。

A. 文字　　B. 图标

C. 声光　　D. 以上选项都对

3. 下列选项中，（　　）是 OBU 产品的核心参数。

A. V2X 通信制式与标准　　B. 运行湿度

C. 尺寸　　D. 外壳材料

4. 全球导航卫星系统的英文缩写为（　　）。

A. FNSS　　B. GNSS　　C. HNSS　　D. INSS

5. 电源模块一般以（　　）V 的供电电压为 OBU 供电，同时支持车载供电方式。

A. 9 ~ 32　　B. 9 ~ 20　　C. 15 ~ 32　　D. 15 ~ 40

6. 人机交互的英文缩写为（　　）。

A. AMI　　B. BMI　　C. HMI　　D. GMI

7. 在 OBU 部件上，系统运行状态指示灯的名称为（　　）。

A. PWR　　B. SYS　　C. 5G　　D. GPS

三、判断题

1. OBU 均可同时集成专用短程通信与基于蜂窝的通信两种制式。（　　）

2. 目前，智能网联汽车只支持全球定位系统（GPS），还不能支持北斗导航卫星系统。（　　）

3. OBU 支持本地升级和通过空中下载技术远程升级。（　　）

4. OBU 支持本地运维管理和远程运维管理，远程运维管理的优先级高于本地运维

管理。（　　）

5. 对 OBU 部件进行检查时，只需检查部件标签上的产品型号与零件号是否与技术手册上的相关信息一致，没必要通过尺寸、颜色、外壳材料等参数对部件进行确认。（　　）

6. 对 OBU 部件进行检查时，需检查部件外观是否完好，是否存在污损、裂纹、磕碰痕迹与划痕，电气接口是否清洁完好。（　　）

7. 一些 OBU 采用外置天线技术方案，通过接口外接天线。（　　）

8. 一个 OBU 只可以装配一个无线电通信子系统。（　　）

9. 车载设备处理单元负责运行程序以生成需要发送的空中信号，以及处理接收的空中信号。（　　）

10. OBU 的外围单元中的状态指示灯提供运行状态、电源状态以及针对性告警指示。（　　）

11. 典型的 OBU 只在正面设有端口。（　　）

12. 绝大多数 OBU 在安装时采用 2 个螺栓固定的方式。（　　）

13. OBU 的软件部署是在部件安装与设备连接过程中，打开软件系统装调环境，查看系统固件是否安装正常，以及软件版本是否符合技术手册要求。（　　）

四、简答题

1. 简述 OBU 的定义。

2. 简述 OBU 的具体功能。

任务四　C-V2X 路侧单元（RSU）安装

一、填空题

1. RSU 收发的交通信息分为________________、______________、_____________和______________四类。

2. RSU 可接入的交通设备包括________________、______________和________________________________等，因此，一般要求 RSU 可与各种交通设备的接口协议适配。

3. RSU 支持______________时钟同步、________时钟同步和________时钟同步。

4. RSU 的安全管理功能包括____________________与____________________两大子功能。

5. 为防范入侵和网络攻击，RSU 从______和______等多方面采取措施，对系统固件进行加固防范。

6. RSU 可对 PC5 接口上的 C-V2X 消息进行______。

7. RSU 的维护管理功能包括______、______和______等子功能。

8. RSU 部件检查包括______、______、______和______四项工作。

9. RSU 内部的硬件主要包括______、______、______、______、______、______、______、______和______等。

10. RSU 内部的外围单元提供指示______和______所需的 LED 器件，以及告警所需的声光指示器件。

11. 典型的 RSU 状态指示灯一般有______、______和______三种。

12. RSU 安装部署主要分为______、______、______、______、______和______六个步骤。

13. 一般将 RSU 安装在路侧竖杆或者横杆上，RSU 的安装方式有______和______两种。

二、选择题

1.（　　）信息是 RSU 向所覆盖范围内的 OBU 广播的当前区域内路网信息，包括路口、路段信息，车道和道路连接关系等。

A. 路侧事件　　B. 路侧安全

C. 信号灯　　D. 地图

2. RSU 部件的规格参数中，时延属于（　　）。

A. 基本参数　　B. 电气参数

C. 接口信息　　　　　　　　　　　　D. 物理参数

3. 在 RSU 部件上，运行状态指示灯的名称为（　　）。

A. PWR　　　　B. STAT　　　　C. UPD　　　　D. DOW

4. 可以将 RSU 与支架作为组件一起安装在路杆上，为保证实际通信效果，其离地高度一般不低于（　　）m。

A. 1　　　　B. 2　　　　C. 3　　　　D. 4

三、判断题

1. RSU 能够支持低时延的 V2X 数据广播，可用于实现智慧交通与自动驾驶，提升道路交通效率和安全性。（　　）

2. RSU 系统软件一般是基于 Linux 系统开发而成的，不可以进行二次开发。（　　）

3. RSU 可以通过自带的 GNSS 进行高精度定位，并将定位数据应用于各类信息。（　　）

4. RSU 优先支持基站时钟同步。（　　）

5. RSU 本地配置数据和业务数据采用专门的方式进行安全存储，防止不必要的泄露和删改。（　　）

6. RSU 在业务使用过程中，可将如 GNSS 定位同步失败等异常情况通过消息告警的方式向平台进行反馈。（　　）

7. RSU 部件需在户外安装部署，所以需要防水、防尘。（　　）

8. 对 RSU 部件进行安装时，需要检查其外观是否完好，是否存在污损、裂纹、磕碰痕迹与划痕。（　　）

9. RSU 内部的 GNSS 单元提供各种导航卫星系统，用于 RSU 的定位和授时。（　　）

10. RSU 内部采用交流供电。（　　）

11. RSU 的升级状态指示灯常亮表示系统升级正常。（　　）

12. 对 RSU 的安装部署工作进行检查时，应先通过状态指示灯查看 RSU 电源指示灯、运行状态指示灯是否正常，然后通过系统装调环境查看其通信功能是否正常。（　　）

四、简答题

1. 简述 RSU 的定义。

2. 简述 RSU 的具体功能。

3. 对 RSU 进行安装部署时有哪些注意事项？

任务五　智慧路杆部署

一、填空题

1. 路侧感知主要有＿＿＿＿＿＿＿＿＿＿、＿＿＿＿＿＿＿＿＿和＿＿＿＿＿＿＿＿＿＿＿＿三方面的作用。

2. 目前，最新的智慧路杆可以为市民提供＿＿＿＿＿＿＿、＿＿＿＿＿＿、＿＿＿＿＿＿、＿＿＿＿＿＿和屏幕信息化交互等服务。

3. 智慧路杆的结构分为＿＿＿＿、＿＿＿＿和＿＿＿＿三部分。

4. 智慧路杆顶端一般集成有＿＿＿＿＿＿＿和＿＿＿＿＿＿＿＿，保证路杆作为信息交互装置具有最强的通信能力。

5. 智慧路杆中部安装部署有智能单元，包括＿＿＿＿＿＿＿＿、＿＿＿＿＿＿＿、＿＿＿＿＿＿＿＿＿和＿＿＿＿＿＿四类部件。

6. 智慧路杆单杆检查主要包括＿＿＿＿＿＿＿、＿＿＿＿＿＿、＿＿＿＿＿＿＿和＿＿＿＿＿＿四个步骤。

7. 在真实交通环境下应用的智慧路杆一般采用“＿＿＿＿＿＿＿＿＿＿＿＿＿”的安装方式。

8. 智慧路杆部署的要点是根据设计方案或图纸确定智慧路杆感知区域的＿＿＿、＿＿＿＿＿＿、＿＿＿＿＿＿、＿＿＿＿＿＿、＿＿＿＿＿＿和＿＿＿＿＿＿＿＿六个方面的信息。

9. 智慧路杆配置主要包括＿＿＿＿＿＿＿和＿＿＿＿＿＿＿两个步骤。

二、选择题

1. 智慧路杆的结构一般不包括（　　）。

A. 顶端　　B. 中部

C. 底端　　D. 地下部分

2. 北京市高级别自动驾驶示范区感知区域的性质为城市交通十字路口，覆盖范围为十字路口以及各向车道周边区域，路杆数量为（　　）根。

A. 1　　B. 2　　C. 3　　D. 4

三、判断题

1. 路侧感知可以使用路口边的传感器增强汽车的环境感知能力，有效提高驾驶安全性和路口通行效率。（　　）

2. 路侧感知可以第一时间为驾驶员提供远在驾驶员视野和车载传感器探测范围之外的道路环境实时信息。（　　）

3. 智慧路杆底端安装部署有供电和计算设备，如供电模块、系统处理器与边缘计算设备等，用于保障系统正常运行、检测系统状态和保证交通数据分析处理的实时性。（　　）

4. 智慧路杆的功能需求基本一致，因此在不同场合中使用不存在差异。（　　）

5. 对智慧路杆进行单杆检查时，需要检查电缆是否完好，电缆缠绕是否符合规范，电缆接头和电气接口是否完好，插接口是否无损坏和油污。（　　）

6. 路侧全域感知是在路侧感知的基础上采用轻量感知、连续覆盖的方式，通过多根智慧路杆协同借助车联网实现车路协同辅助驾驶与自动驾驶的技术。（　　）

7. 路侧全域感知必须使用车载传感器，同时在依靠路侧轻量感知的前提下实现连续覆盖感知，并可以利用5G等无线通信技术实现“车－路－云”协同的自动驾驶。（　　）

四、简答题

1. 简述路侧感知的定义。

2. 简述智慧路杆的定义。

任务六　智慧路杆传感器装调

一、填空题

1. 智慧路杆常用的摄像头有两种，分别为______和______。

2. 智慧路杆摄像头装调分为______、______、______和

__________四个步骤。

3. 将枪式摄像头安装在智慧路杆上，安装组件有三个，分别是________、__________和________。

4. 毫米波雷达具有__________、__________、__________和________________等特点，在车路协同系统中应用广泛。

5. 毫米波雷达装调分为__________、__________、__________和______________四个步骤。

6. 激光具有__________、__________、__________和__________等特点。

7. 激光雷达具有__________、__________、__________和______________等优点，能精确测量目标的位置、形状及状态等，达到探测、识别、跟踪目标的目的。

8. 激光雷达的种类日益增多，可按照________、________、________、__________、__________等将其分为不同的类型。

二、选择题

1. 枪式摄像头具备全量、全结构化精准检测，以及全要素态势感知能力，支持精密参数标定服务，图像处理时延小于（　　）ms。

A. 80　　B. 90　　C. 100　　D. 110

2. 全景摄像头支持畸变校正与坐标转换，视场角可以达到（　　）。

A. 150°　　B. 200°　　C. 250°　　D. 300°

3. 全景摄像头的图像处理时延小于（　　）ms。

A. 100　　B. 120　　C. 140　　D. 160

4. 智慧路杆摄像头的安装位置一般位于路杆中部偏上方，离地高度一般不低于（　　）m。

A. 1　　B. 2　　C. 3　　D. 4

5. 毫米波雷达与周边部件的距离要大于（　　）cm，确保部件周围空气流通、散热正常。

A. 1　　B. 2　　C. 3　　D. 4

6. 利用水平仪测量并确认毫米波雷达安装角度在技术手册允许的范围之内，如果不满足要求，可通过调节螺栓进行调整。打开诊断设备，开启校准界面，分别针对垂直和水平两个方向先后单击“校准”按钮，直到校准进度条达到（　　）即可。

A. 90%　　B. 95%　　C. 98%　　D. 100%

7. 对激光雷达进行角度调整时，应使用水平仪调整安装基座角度并紧固，调整其横向倾角为0°、俯仰角为0°～15°，可根据实际安装环境调整，精度误差控制在（　　）以内。

A. 2°　　B. 4°　　C. 6°　　D. 8°

三、判断题

1. 通过枪式摄像头与全景摄像头的协同部署，可以实现城市道路或高速场景下全要素、全场景的精准感知。（　　）

2. 智慧路杆摄像头安装完成后，需要检查摄像头安装是否牢固，角度是否调节到位，线束是否插接牢靠，镜头是否清洁。（　　）

3. 毫米波雷达在车路协同系统中发挥着不可替代的作用。（　　）

4. 毫米波雷达在 Z 方向的探测角度一般只有 ±25°，雷达安装太高会导致下盲区增大，太低又会导致雷达波束射向地面后，经地面反射带来杂波干扰，影响雷达的判断。（　　）

5. 毫米波雷达架设高度应与交通信号灯的横杆一致，需将雷达横向倾角和俯仰角调整为0°，使雷达正面朝向来车方向。（　　）

6. 激光能量在时间和空间上高度集中，能在极小区域内产生极高的温度。（　　）

7. 将激光雷达架设在大型十字路口的智慧路杆上，可对周边车辆视觉盲区提供有效的信息补充，提升驾驶安全性。（　　）

8. 激光雷达按照线束分类可以分为连续型和脉冲型两类。（　　）

9. 激光雷达装调分为部件安装、角度调整、电气连接和安装检查四个步骤。（　　）

四、简答题

详细阐述激光雷达的具体分类。

任务七　云控平台测试与边缘计算系统部署

一、填空题

1. 车路协同系统的基础架构由“____________+____________+____________”组成，该系统使用云计算与边缘计算技术，通过车、路、云一体化融合控制，面向交通应用提供安全、高效的出行服务。

2. 车路协同系统所使用的云计算服务来自一个广泛的远程服务器网络，多个服务器通过计算机网络存储并管理车辆和交通数据、运行车路协同应用程序，提供

________、________、________和________等车路协同服务。

3. 车路协同系统的功能主要体现在________和________两个方面。

4. 车路协同系统采用分级云控技术方案，分为________、________和________三级。

5. 云计算服务在服务模式上主要分为三种，分别是________、________和________。

6. 车路协同系统总体技术架构分为________、________和________三部分。

7. 云控平台的功能要求主要有________、________、________、________、________和________六个方面。

8. 多接入边缘计算具有________、________、________、________和________五大优点。

9. 多接入边缘计算具备________、________和________三大功能。

10. 在车路协同系统应用中，多接入边缘计算具体负责________、________、________、________和________五种工作任务。

11. 边缘计算常使用________、________和________三种设备。

12. 边缘计算设备中的边缘网关具有________、________和________等功能。

13. 边缘计算机柜内部的典型构造为分层结构，上层为________，中层为________，下层或靠下位置为________。

14. 边缘计算设备在安装完成后要进行配置，其工作步骤分为________和________两部分。

二、选择题

1. 在云计算服务的服务模式中，基础架构即服务的英文缩写为（　　）。

A. HaaS　　B. IaaS　　C. JaaS　　D. KaaS

2. 在云计算服务的服务模式中，平台即服务的英文缩写为（　　）。

A. PaaS　　B. QaaS　　C. RaaS　　D. SaaS

3. 在云计算服务的服务模式中，软件即服务的英文缩写为（　　）。

A. QaaS　　B. RaaS　　C. SaaS　　D. TaaS

4. 云控平台支持交叉路口碰撞预警的功能属于（　　）类别。

A. 监控管理　　B. 数据管理　　C. 运营管理　　D. 车路协同应用服务

5. 多接入边缘计算的英文缩写为（　　）。

A. MEA　　B. MEB　　C. MEC　　D. MED

6. 多接入边缘计算分担区域 / 中心云控平台的计算量，降低信息融合计算的时延，大部分应用的计算时延在 40 ms 左右，复杂应用的计算时延在 70 ms 左右，加上信息传输的时延，能够保证决策信息传输到车端的时延控制在（　　）ms 以内。

A. 100　　B. 200　　C. 300　　D. 400

7. 边缘网关的英文缩写为（　　）。

A. BG　　B. CG　　C. EG　　D. FG

8. 边缘控制器的英文缩写为（　　）。

A. BC　　B. CC　　C. DC　　D. EC

三、判断题

1. 边缘计算系统是指分布在靠近物体或数据源头的网络边缘侧，提供实时数据处理、分析决策的大规模云控数据中心。（　　）

2. 在边缘计算中，物联网终端设备产生的数据不需要再传输至遥远的云控数据中心处理，而是就近即在网络边缘侧完成数据分析和处理，相较于云计算更加高效和安全。（　　）

3. 边缘云控利用移动边缘计算技术将计算、决策能力向网络边缘迁移，实现局部交通协同的分布式、本地化部署，进而可以通过 V2X 技术为区域内行驶的车辆提供低

时延的车路协同服务。（ ）

4. 区域云控与中心云控对 V2X 网络收集汇总得到的交通数据进行大数据分析，通过平台强大的计算和存储能力，分析交通数据构建模型，为交通管控决策和流程优化提供数据支撑。（ ）

5. 相对于区域云控和中心云控，边缘云控的特点是计算和存储能力强大。（ ）

6. 云控平台的三级云控基础平台逻辑协同、物理分散，后一级统筹前一级，服务实时性逐渐降低，但服务范围逐步扩大。（ ）

7. 多接入边缘计算技术是指将云计算平台从移动核心网络内部迁移到移动接入网络和其他接入网络的边缘计算技术。（ ）

8. 多接入边缘计算能存储路侧和车端的信息，但是不能缓解智能设备的存储压力。（ ）

9. 边缘计算设备中的边缘控制器具有复杂边缘数据处理和策略发布等功能。（ ）

10. 在各种车路协同系统的应用场景中，边缘网关、边缘控制器和路侧边缘服务器三种设备只能单独使用。（ ）

11. 安装边缘计算设备时应严格按照技术手册要求控制设备间距，保证散热口无阻塞和阻挡，保证散热片无覆盖物，确保设备散热需求得到满足。（ ）

四、简答题

1. 简述云计算的优势及劣势。

2. 将边缘计算与云计算的对比填入表 7–1 中。

表 7–1　边缘计算与云计算的对比

项目	边缘计算	云计算
计算方式		
处理位置		
时延性		
可靠性		
带宽要求		
数据传输		
部署成本		
隐私安全		

3. 简述软件即服务的云计算服务模式的突出优势。

4. 在车路协同系统中，平台即服务的云计算服务模式的服务内容有哪些？

任务八　高精度地图生产

一、填空题

1. 高精度地图主要有________________、____________、________________和____________四项功能。

2. 高精度地图直接为智能网联汽车或其他智能化交通工具提供导航定位服务，具有______________、____________和____________等特点。

3. 普通导航地图包含道路级的__________________、________________和_________________等信息。

4. 高精度地图包含多维度信息，在普通导航地图信息的基础上新增了___________、____________和___________等信息。

5. 高精度地图信息可分为_______________、________________、____________和_________________四个层级。

6. 高精度地图生产作业流程包括数据生产和质量检查，其中数据生产包括____________、____________、____________和____________，质量检查包括____________和____________。

7. 高精度地图的数据获取方式主要是使用车载移动测量系统，该系统由____________、____________、____________、____________和____________组成。

8. 定位测姿系统采用实时动态定位技术，能实时输出导航信息，包括____________、____________、____________、____________及____________等。

9. 高精度地图数据采集工作的采集源数据包括____________、____________、____________、____________及其他辅助数据。

10. 高精度地图数据采集的内容包括____________、____________、____________、____________、____________、____________及其他道路构筑物等。

11. 高精度地图数据采集工作的原始数据需进行____________、____________和____________三项检查。

12. 高精度地图数据处理的质量检查包括____________、____________、____________和____________。

二、选择题

1. 高精度地图是指精度为（　　）级，交通信息丰富，能正确反映道路实际情况，可快速动态更新，专门用于智能网联汽车导航定位、高级别驾驶辅助与自动驾驶的电子地图或数据集。

A. 毫米　　B. 厘米　　C. 分米　　D. 米

2.（　　）及以上级别的自动驾驶车辆通常使用高精度地图。

A. L1　　B. L2　　C. L3　　D. L4

3. 高精度地图可为车辆提供（　　）钟级预判信息，如路口交通信号灯状态、前方路口交通状况等信息。

A. 秒　　B. 分　　C. 刻　　D. 时

4. 普通导航地图的精度为约（　　）m 的道路级地图精度。

A. 10　　B. 15　　C. 20　　D. 30

5. 在高德软件有限公司于 2018 年提出的基于高精度地图和高精度定位的一体化解决方案中，地图精度能够实现在普通道路条件下横向误差和纵向误差保持在（　　）cm 以内。

A. 4　　B. 5　　C. 6　　D. 7

6. 下列选项中，不属于高精度地图信息中的车道级信息的是（　　）。

A. 交通事件　　B. 路沿与护栏　　C. 地面标识　　D. 车道线

7. 实时动态的英文缩写为（　　）。

A. RTK　　B. RTL　　C. RTM　　D. RTN

8. 车载移动测量系统中的数字相机分辨率不低于 500 万像素，具备外部触发、异步复位功能，触发同步精度不小于（　　）ms。

A. 0.1　　B. 0.2　　C. 0.3　　D. 0.5

9. 车载移动测量系统中的控制系统可实时监测各传感器的工作状态，可在各传感器发生故障时发出声、光告警，此系统可连续存储数据时间不宜小于（　　）h。

A. 10　　B. 20　　C. 30　　D. 40

10. 点云数据拼接采用同名点云提取及对比和点云数据纠正算法，点云拼接位置主要包括道路平交路口或分岔口、合流口等，不同采集批次的点云数据会存在偏差，偏差大于（　　）cm 时应进行拼接，以保证路口处点云无缝、平滑衔接。

A. 10　　B. 20　　C. 30　　D. 40

三、判断题

1. 智能网联汽车上的前视摄像头等环境感知传感器功能强大，不易受到恶劣天气等不利因素影响。（　　）

2. 高精度地图可有效辅助车辆增强环境感知能力，提供车道线、路口等关键交通

信息。（　　）

3. 高精度地图可为车辆提供车道中心线、边缘线信息，以及视觉之外的交通信息。（　　）

4. 高精度地图对车辆提前进行加速、减速、变换车道等驾驶行为的辅助控制，以保证行车安全。（　　）

5. 为保证车辆行驶安全，高精度地图一般进行月级更新或季度级更新。（　　）

6. 车载移动测量系统中的定位测姿系统具备数据存储、时间同步、信号同步、信息输出等功能，能进行定位测姿后的数据处理，输出高精度定位测姿结果，其一般具有内置式里程计，采用双频测量型 GNSS 接收机，采样间隔为 3 s，采样通道不少于 24 个。（　　）

7. 车载移动测量系统中的激光扫描仪（激光雷达）应选择带有强度信息的设备，其探测距离、精度等能满足相应要求。（　　）

8. 车载移动测量系统中的控制系统可实时监测各传感器的工作状态，可在各传感器发生故障时发出声、光告警，此系统在车辆供电时连续工作时间不宜小于 5 h。（　　）

9. 因为高精度地图数据采集车具有完美的性能，所以作业人员在雷雨天气时可以在山顶、大树和高压电线杆下停留。（　　）

10. 在高精度地图数据提交前应准备好需求书、数据标准、数据规格、验收报告、审图号等资料。（　　）

四、简答题

1. 高精度地图数据采集的准备工作有哪些？

2. 简述高精度地图数据采集工作的注意事项。

3. 画出高精度地图数据处理流程图。

4. 简述高精度地图数据制作的内容（图层组）以及各图层组包含的要素。

情境二
车路协同系统测试

任务九　ETC 系统装调与测试

一、填空题

1. 电子不停车收费（ETC）系统中的前端系统包含 ETC 系统的全部基本硬件，是集____________、____________、____________、____________等功能于一体的综合系统。

2. ETC 系统中的前端系统主要包括________________、______________和______________三大部分。

3. 目前，一些功能较为先进的 ETC 系统集成有触发线圈、____________、____________、____________和______________等。

4. ETC 系统中的后台数据库系统主要由________________和______________等组成，负责系统后台 ETC 交易数据处理、运营参数管理和运行系统监控等。

5. ETC 系统中的 OBU 常被称为 ETC 电子标签，根据标签工作方式的不同，可将其分为______________和______________两种类型；根据应答方式的不同，可将其分为______________和____________两种类型。

6. ETC 系统中的 OBU 装调分为______________和______________两个步骤。

7. ETC 系统中的 RSU 也被称为 ETC 微波天线，安装于 ETC 专用车道路侧立柱、______________、____________或墙壁上。

8. 高速公路 ETC 系统的工作流程包括____________________和__________________两个部分。

9. ETC 系统功能测试包括______________、________________和__________

__________三项。

10. 可通过模拟______________、__________________和____________三种异常情况，对 ETC 系统处理异常情况能力进行测试。

二、选择题

1. ETC 系统可有效提高道路通行效率，减少拥堵和排队等待时间，每辆汽车通过 ETC 的收费过程耗时不超过（　　）s，其收费通道的通行能力是人工收费通道的 5 ~ 10 倍。

A. 2　　B. 4　　C. 6　　D. 8

2. 集成电路的英文缩写为（　　）。

A. IA　　B. IB　　C. IC　　D. ID

3. 自动车辆识别的英文缩写为（　　）。

A. AVI　　B. BVI　　C. CVI　　D. DVI

4. RSU 一般采用正装的安装方式，将其安装在车道中央正上方，安装应稳定、可靠，安装高度为（　　）m 时一般能获得系统最佳性能。

A. 2.5　　B. 3.5　　C. 4.5　　D. 5.5

5. RSU 整体安装角度呈（　　），以便与 OBU 进行通信连接。

A. 正向前　　B. 正向后　　C. 斜向下　　D. 斜向上

三、判断题

1. 车主只要使用 ETC 系统的支付系统，通过收费站时就无须停车进行人工缴费，系统会从其账户中自动扣除道路或桥梁通行费，从而实现自动收费。（　　）

2. ETC 系统中的车道控制系统包括自动栏杆机和余额显示器。（　　）

3. OBU 是安装在收费站交通设施上的通信终端设备，RSU 是安装在通行车辆上的

通信终端设备。 (　　)

4. ETC 系统后台的通行费分段计费、交易数据处理、车牌图像识别等由车道控制系统联合后台数据库系统实现。 (　　)

5. 单片式 OBU 既有 OBU 本体，也有 IC 卡，通过绑定的相关账户进行收费。 (　　)

6. 单片式 OBU 由一片存有车辆属性的集成电路芯片和一个小型微波发射机组成，数据只能一次性写入，不能更改。 (　　)

7. OBU 可以通过背胶粘贴在车辆的前风窗玻璃上方居中（后视镜附近）位置。 (　　)

8. OBU 的安装位置是由方位上便于与道路设施上的 RSU 进行通信，以及便于利用太阳能充电所决定的，安装时可以随意更改 OBU 的位置。 (　　)

9. OBU 与用户的账户资金安全直接相关联，因此具备防拆卸功能，一旦被拆卸，系统将启动保护机制，OBU 将无法正常工作。 (　　)

10. RSU 一般采用 220 V/50 Hz 交流电供电，通信接口为 RS232/RS485、以太网。 (　　)

四、简答题

1. 简述 ETC 系统的具体功能。

2. 简述 ETC 系统中的 IC 卡余额判断测试方法。

任务十　绿波车速引导系统测试与设置

一、填空题

1. 在绿波带上的车速称为______________。

2. 绿波车速引导系统功能测试包括__________________、__________________和__________________三个部分。

3. 绿波车速引导系统进行车速建议时所采用的算法为优化问题解算，根据优化条件，算法可分为__________________和__________________两种。

二、选择题

1. 绿波车速引导的英文缩写为（　　）。

A. GLOSA　　B. GLOSB　　C. GLOSC　　D. GLOSD

2. 测试绿波车速引导系统功能效果时，需查看车辆是否能够完成（　　）个以上路口的绿灯畅行，全过程中车速建议是否合理、是否影响行车安全、是否在道路交通规定车速范围之内。

A. 1　　B. 2　　C. 3　　D. 4

三、判断题

1. 绿波车速引导系统的操作界面功能测试主要是检查系统是否能正常开启，虚拟按键是否有交互感（动画效果），系统启动时长是否符合要求，开启提示音或语音是否清晰、音量是否适中。（　　）

2. 查看绿波车速引导系统是否能迅速为车辆提供建议车速，根据该车速车辆是否能实现绿灯畅行属于对该系统人机交互功能的测试。（　　）

3. RSU 将交通信号灯相位数据发送至云端，云端根据车辆位置、目的地计算绿波建议车速，OBU 将绿波建议车速通过人机交互界面告知驾驶员。（　　）

4. 绿波车速引导系统进行车速建议时所采用的算法为优化问题解算，输出的车速方案是唯一的。（　　）

5. 绿波车速引导系统进行车速建议时所采用的优化算法的限制（约束）条件为各路段的平均车速。（　　）

6. 多段车速引导是指根据车辆行驶路径计算出驶离下游连续十字路口的最优车速引导区间。（　　）

7. 在实际工程应用中，不同车企会根据车路协同系统的实际性能进行绿波车速引导系统优化算法的选择、有条件切换等系统设置。（　　）

四、简答题

1. 简述绿波的定义。

2. 简述绿波车速引导系统的定义。

3. 简述绿波车速引导系统的作用。

4. 简述绿波车速引导系统作为一种主动交互式车速引导系统的工作过程。

综合试卷（一）

一、填空题（每空1分，共40分）

1. 车联网是通过无线网络按照约定的通信协议和数据交互标准，在__________、__________和______________之间进行无线通信和信息交互的一体化网络。

2. 车路协同系统的应用场景中第二阶段效率类应用场景包括__________________和________________等。

3. 目前，世界范围内的车联网主要有______________和______________两套网联通信技术方案。

4. OBU是一种具有____________功能和____________功能的移动识别设备，既可以作为独立的数据载体成为单片式电子标签，又可以通过附加一个智能卡读写接口成为双片式电子标签。

5. OBU的配置管理和设备认证功能支持___________和__________两种参数配置方式。

6. RSU可接入的交通设备包括____________、___________和________________________等，因此，一般要求RSU可与各种交通设备的接口协议适配。

7. 为防范入侵和网络攻击，RSU从___________和___________等多方面采取措施，对系统固件进行加固防范。

8. RSU的维护管理功能包括____________、__________和__________等子功能。

9. RSU部件检查包括__________、__________、__________和_________四项工作。

10. 典型的RSU状态指示灯一般有___________、____________和________________三种。

11. 智慧路杆配置主要包括___________和___________两个步骤。

12. 智慧路杆常用的摄像头有两种，分别为___________和___________。

13. 边缘计算机柜内部的典型构造为分层结构，上层为____________，中层为________________，下层或靠下位置为_____________________。

14. 高精度地图直接为智能网联汽车或其他智能化交通工具提供导航定位服务，具有____________、___________和___________等特点。

15. ETC 系统中的后台数据库系统主要由________________和_______________等组成，负责系统后台 ETC 交易数据处理、运营参数管理和运行系统监控等。

16. 绿波车速引导系统进行车速建议时所采用的算法为优化问题解算，根据优化条件，算法可分为______________和______________两种。

二、选择题（每题 1 分，共 20 分）

1. 车联网所采用的车路协同无线通信技术一般被称为 V2X，目前 X 不包括（　　）。

A. 车　　B. 人　　C. 网络　　D. 住宅楼

2. 根据行业对车路协同系统的分阶段普及与推广，我国车路协同系统应用被划分为（　　）个阶段。

A. 1　　B. 2　　C. 3　　D. 4

3. 国际上 IEEE 802.11p 标准将 5.850 ~ 5.925 GHz 之间长度为（　　）MHz 的频段用于智能交通系统中的无线电服务。

A. 70　　B. 75　　C. 80　　D. 85

4. 每辆车都会在 CH（信道）172 中，以（　　）次 /s 的频率交换专用短程通信的基础安全信息，紧急信息则会在 CH 184 中以更高的优先级进行传播。

A. 10 ~ 20　　B. 15 ~ 25　　C. 20 ~ 30　　D. 25 ~ 35

5. 目前，OBU 支持通过（　　）等提示方式与驾驶员进行人机交互。

A. 文字　　B. 图标

C. 声光　　D. 以上选项都对

6. 下列选项中，（　　）是 OBU 产品的核心参数。

A. V2X 通信制式与标准　　B. 运行湿度

C. 尺寸　　　　　　　　　　　　　D. 外壳材料

7. 人机交互的英文缩写为（　　）。

A. AMI　　　　B. BMI　　　　C. HMI　　　　D. GMI

8.（　　）信息是 RSU 向所覆盖范围内的 OBU 广播的当前区域内路网信息，包括路口、路段信息，车道和道路连接关系等。

A. 路侧事件　　　　B. 路侧安全　　　　C. 信号灯　　　　D. 地图

9. 在 RSU 部件上，运行状态指示灯的名称为（　　）。

A. PWR　　　　B. STAT　　　　C. UPD　　　　D. DOW

10. 智慧路杆的结构一般不包括（　　）。

A. 顶端　　　　B. 中部　　　　C. 底端　　　　D. 地下部分

11. 北京市高级别自动驾驶示范区感知区域的性质为城市交通十字路口，覆盖范围为十字路口以及各向车道周边区域，路杆数量为（　　）根。

A. 1　　　　B. 2　　　　C. 3　　　　D. 4

12. 智慧路杆摄像头的安装位置一般位于路杆中部偏上方，离地高度一般不低于（　　）m。

A. 1　　　　B. 2　　　　C. 3　　　　D. 4

13. 毫米波雷达与周边部件的距离要大于（　　）cm，确保部件周围空气流通、散热正常。

A. 1　　　　B. 2　　　　C. 3　　　　D. 4

14. 多接入边缘计算分担区域 / 中心云控平台的计算量，降低信息融合计算的时延，大部分应用的计算时延在 40 ms 左右，复杂应用的计算时延在 70 ms 左右，加上信息传输的时延，能够保证决策信息传输到车端的时延控制在（　　）ms 以内。

A. 100　　　　B. 200　　　　C. 300　　　　D. 400

15. 高精度地图是指精度为（　　）级，交通信息丰富，能正确反映道路实际情况，可快速动态更新，专门用于智能网联汽车导航定位、高级别驾驶辅助与自动驾驶的电子地图或数据集。

A. 毫米　　　　B. 厘米　　　　C. 分米　　　　D. 米

16.（　　）及以上级别的自动驾驶车辆通常使用高精度地图。

A. L1　　B. L2　　C. L3　　D. L4

17. ETC 系统可有效提高道路通行效率，减少拥堵和排队等待时间，每辆汽车通过 ETC 的收费过程耗时不超过（　　）s，其收费通道的通行能力是人工收费通道的 5 ~ 10 倍。

A. 2　　B. 4　　C. 6　　D. 8

18. 集成电路的英文缩写为（　　）。

A. IA　　B. IB　　C. IC　　D. ID

19. 自动车辆识别的英文缩写为（　　）。

A. AVI　　B. BVI　　C. CVI　　D. DVI

20. 测试绿波车速引导系统功能效果时，需查看车辆是否能够完成（　　）个以上路口的绿灯畅行，全过程中车速建议是否合理、是否影响行车安全、是否在道路交通规定车速范围之内。

A. 1　　B. 2　　C. 3　　D. 4

三、判断题（每题 1 分，共 20 分）

1. 我国车路协同系统应用的第一阶段应用场景在技术上较为简单，易于汽车企业和交通部门施行，多数已经被大规模商业化运用。（　　）

2. 我国车路协同系统应用的第二阶段应用场景所使用的技术更加先进和复杂，现阶段已经被大规模示范运用。（　　）

3. 道路基础设施的信息、路侧感知到的交通参与者信息、交通事件信息、交通管理部门的管控指令直接传递给车辆本身，供驾驶员或自动驾驶系统进行驾驶行为决策。（　　）

4. RSU 是 OBU 的读写控制器，通过 DSRC 通信协议的数据交互方式和微波无线传递手段，可实现 RSU 与 OBU 之间安全可靠的信息交互。（　　）

5. 对 OBU 部件进行检查时，只需检查部件标签上的产品型号与零件号是否与技术手册上的相关信息一致，没必要通过尺寸、颜色、外壳材料等参数对部件进行确认。（　　）

6. 对 OBU 部件进行检查时，需检查部件外观是否完好，是否存在污损、裂纹、磕碰痕迹与划痕，电气接口是否清洁完好。 ( )

7. RSU 本地配置数据和业务数据采用专门的方式进行安全存储，防止不必要的泄露和删改。 ( )

8. RSU 在业务使用过程中，可将如 GNSS 定位同步失败等异常情况通过消息告警的方式向平台进行反馈。 ( )

9. 路侧感知可以第一时间为驾驶员提供远在驾驶员视野和车载传感器探测范围之外的道路环境实时信息。 ( )

10. 智慧路杆底端安装部署有供电和计算设备，如供电模块、系统处理器与边缘计算设备等，用于保障系统正常运行、检测系统状态和保证交通数据分析处理的实时性。 ( )

11. 通过枪式摄像头与全景摄像头的协同部署，可以实现城市道路或高速场景下全要素、全场景的精准感知。 ( )

12. 智慧路杆摄像头安装完成后，需要检查摄像头安装是否牢固，角度是否调节到位，线束是否插接牢靠，镜头是否清洁。 ( )

13. 边缘计算系统是指分布在靠近物体或数据源头的网络边缘侧，提供实时数据处理、分析决策的大规模云控数据中心。 ( )

14. 在边缘计算中，物联网终端设备产生的数据不需要再传输至遥远的云控数据中心处理，而是就近即在网络边缘侧完成数据分析和处理，相较于云计算更加高效和安全。 ( )

15. 为保证车辆行驶安全，高精度地图一般进行月级更新或季度级更新。 ( )

16. 车载移动测量系统中的定位测姿系统具备数据存储、时间同步、信号同步、信息输出等功能，能进行定位测姿后的数据处理，输出高精度定位测姿结果，其一般具有内置式里程计，采用双频测量型 GNSS 接收机，采样间隔为 3 s，采样通道不少于 24 个。 ( )

17. OBU 是安装在收费站交通设施上的通信终端设备，RSU 是安装在通行车辆上的通信终端设备。 ( )

18. ETC 系统后台的通行费分段计费、交易数据处理、车牌图像识别等由车道控制

系统联合后台数据库系统实现。（ ）

19. RSU 将交通信号灯相位数据发送至云端，云端根据车辆位置、目的地计算绿波建议车速，OBU 将绿波建议车速通过人机交互界面告知驾驶员。（ ）

20. 绿波车速引导系统进行车速建议时所采用的算法为优化问题解算，输出的车速方案是唯一的。（ ）

四、简答题（每题 4 分，共 20 分）

1. 我国车路协同系统的应用场景中第一阶段安全类应用场景包括什么内容？

2. 简述 OBU 的具体功能。

3. 简述路侧感知的定义。

4. 在车路协同系统中，平台即服务的云计算服务模式的服务内容有哪些？

5. 简述 ETC 系统的具体功能。

综合试卷（二）

一、填空题（每空 1 分，共 40 分）

1. 车联网是物联网技术在智能交通系统领域的延伸，是通过网络技术将__________、__________、__________和__________等与交通相关的要素全部接入互联网形成的通信网络。

2. 智能基础设施体系主要以智慧道路为主体，由__________、__________和__________组成。

3. 专用短程通信设备基于专用短程通信标准，主要包括__________和__________两部分。

4. C-V2X 中的 PC5 接口主要有__________和__________两种资源分配方式，保证通信资源的高效分配。

5. OBU 的定位系统通常包含全球导航卫星系统接收器，用于提供车辆的位置、方向、速度等信息，该系统可以通过__________、__________和__________等来增强定位能力。

6. OBU 一般安装于车辆的__________或__________。

7. RSU 的安全管理功能包括__________与__________两大子功能。

8. RSU 可对 PC5 接口上的 C-V2X 消息进行__________。

9. RSU 内部的外围单元提供指示__________和__________所需的 LED 器件，以及告警所需的声光指示器件。

10. 一般将 RSU 安装在路侧竖杆或者横杆上，RSU 的安装方式有_______和_______两种。

11. 在真实交通环境下应用的智慧路杆一般采用“____________________”的安装方式。

12. 将枪式摄像头安装在智慧路杆上，安装组件有三个，分别是_______、______

______和______。

13. 激光雷达具有______________、____________、____________和____________等优点，能精确测量目标的位置、形状及状态等，达到探测、识别、跟踪目标的目的。

14. 边缘计算设备在安装完成后要进行配置，其工作步骤分为______________和____________两部分。

15. 高精度地图数据采集工作的原始数据需进行______________、______________和______________三项检查。

16. ETC 系统中的 OBU 装调分为______________和______________两个步骤。

17. 高速公路 ETC 系统的工作流程包括__________________________和______________________两个部分。

二、选择题（每题 1 分，共 20 分）

1.（　　）高级别自动驾驶示范区是全球首个城市级高级别自动驾驶示范区。

A. 北京市亦庄　　B. 广东省深圳市

C. 江苏省无锡市　　D. 云南省大理市

2. 智慧道路两侧与车道上方架设的智慧路杆集成有（　　）装置。

A. 摄像头　　B. 激光雷达　　C. GPS 定位　　D. 以上选项都对

3. 下列选项中，不属于蜂窝网络移动站的是（　　）。

A. 智能网联汽车　　B. 智能手机　　C. 激光雷达　　D. 蜂窝工控设备

4. 在蜂窝通信的发展历程中，20 世纪 80 年代初诞生了第（　　）代移动通信系统即蜂窝移动电话系统。

A. 一　　B. 二　　C. 三　　D. 四

5. 全球导航卫星系统的英文缩写为（　　）。

A. FNSS　　B. GNSS　　C. HNSS　　D. INSS

6. 电源模块一般以（　　）V 的供电电压为 OBU 供电，同时支持车载供电方式。

A. 9 ~ 32　　B. 9 ~ 20　　C. 15 ~ 32　　D. 15 ~ 40

7. 在 OBU 部件上，系统运行状态指示灯的名称为（　　）。

A. PWR　　B. SYS　　C. 5G　　D. GPS

8. RSU 部件的规格参数中，时延属于（　　）。

A. 基本参数　　B. 电气参数

C. 接口信息　　D. 物理参数

9. 可以将 RSU 与支架作为组件一起安装在路杆上，为保证实际通信效果，其离地高度一般不低于（　　）m。

A. 1　　B. 2　　C. 3　　D. 4

10. 枪式摄像头具备全量、全结构化精准检测，以及全要素态势感知能力，支持精密参数标定服务，图像处理时延小于（　　）ms。

A. 80　　B. 90　　C. 100　　D. 110

11. 全景摄像头支持畸变校正与坐标转换，视场角可以达到（　　）。

A. 150°　　B. 200°　　C. 250°　　D. 300°

12. 利用水平仪测量并确认毫米波雷达安装角度在技术手册允许的范围之内，如果不满足要求，可通过调节螺栓进行调整。打开诊断设备，开启校准界面，分别针对垂直和水平两个方向先后单击“校准”按钮，直到校准进度条达到（　　）即可。

A. 90%　　B. 95%　　C. 98%　　D. 100%

13. 对激光雷达进行角度调整时，应使用水平仪调整安装基座角度并紧固，调整其横向倾角为 0°、俯仰角为 0° ~ 15°，可根据实际安装环境调整，精度误差控制在（　　）以内。

A. 2°　　B. 4°　　C. 6°　　D. 8°

14. 云控平台支持交叉路口碰撞预警的功能属于（　　）类别。

A. 监控管理　　B. 数据管理　　C. 运营管理　　D. 车路协同应用服务

15. 高精度地图可为车辆提供（　　）钟级预判信息，如路口交通信号灯状态、前方路口交通状况等信息。

A. 秒　　B. 分　　C. 刻　　D. 时

16. 在高德软件有限公司于 2018 年提出的基于高精度地图和高精度定位的一体化解决方案中，地图精度能够实现在普通道路条件下横向误差和纵向误差保持在

（　　）cm 以内。

A. 4　　B. 5　　C. 6　　D. 7

17. 实时动态的英文缩写为（　　）。

A. RTK　　B. RTL　　C. RTM　　D. RTN

18. RSU 一般采用正装的安装方式，将其安装在车道中央正上方，安装应稳定、可靠，安装高度为（　　）m 时一般能获得系统最佳性能。

A. 2.5　　B. 3.5　　C. 4.5　　D. 5.5

19. RSU 整体安装角度呈（　　），以便与 OBU 进行通信连接。

A. 正向前　　B. 正向后　　C. 斜向下　　D. 斜向上

20. 绿波车速引导的英文缩写为（　　）。

A. GLOSA　　B. GLOSB　　C. GLOSC　　D. GLOSD

三、判断题（每题 1 分，共 20 分）

1. 智能网联汽车均搭载摄像头、毫米波雷达、激光雷达等传感器和控制芯片、计算平台、通信终端部件，具有环境感知、智能决策与对外通信功能。（　　）

2. 智能基础设施体系中的智慧道路两侧设有专用计算装置，用于路面交通数据的实时采集与处理。（　　）

3. 现阶段相对简单的车路协同场景如道路辅助安全类场景的底层技术一般为 NR（new radio）-V2X。（　　）

4. NR-V2X 与 LTE（long term evolution）-V2X 将以互补的关系共同支撑 C-V2X 的应用，彼此配合，可共同支撑面向完全自动驾驶的车路协同。（　　）

5. 车载设备处理单元负责运行程序以生成需要发送的空中信号，以及处理接收的空中信号。（　　）

6. OBU 的外围单元中的状态指示灯提供运行状态、电源状态以及针对性告警指示。（　　）

7. RSU 能够支持低时延的 V2X 数据广播，可用于实现智慧交通与自动驾驶，提升

道路交通效率和安全性。（　　）

8. RSU 系统软件一般是基于 Linux 系统开发而成的，不可以进行二次开发。（　　）

9. 路侧全域感知是在路侧感知的基础上采用轻量感知、连续覆盖的方式，通过多根智慧路杆协同借助车联网实现车路协同辅助驾驶与自动驾驶的技术。（　　）

10. 路侧全域感知必须使用车载传感器，同时在依靠路侧轻量感知的前提下实现连续覆盖感知，并可以利用 5G 等无线通信技术实现“车 – 路 – 云”协同的自动驾驶。（　　）

11. 毫米波雷达在 Z 方向的探测角度一般只有 ±25°，雷达安装太高会导致下盲区增大，太低又会导致雷达波束射向地面后，经地面反射带来杂波干扰，影响雷达的判断。（　　）

12. 毫米波雷达架设高度应与交通信号灯的横杆一致，需将雷达横向倾角和俯仰角调整为 0°，使雷达正面朝向来车方向。（　　）

13. 在各种车路协同系统的应用场景中，边缘网关、边缘控制器和路侧边缘服务器三种设备只能单独使用。（　　）

14. 安装边缘计算设备时应严格按照技术手册要求控制设备间距，保证散热口无阻塞和阻挡，保证散热片无覆盖物，确保设备散热需求得到满足。（　　）

15. 车载移动测量系统中的控制系统可实时监测各传感器的工作状态，可在各传感器发生故障时发出声、光告警，此系统在车辆供电时连续工作时间不宜小于 5 h。（　　）

16. 因为高精度地图数据采集车具有完美的性能，所以作业人员在雷雨天气时可以在山顶、大树和高压电线杆下停留。（　　）

17. OBU 的安装位置是由方位上便于与道路设施上的 RSU 进行通信，以及便于利用太阳能充电所决定的，安装时可以随意更改 OBU 的位置。（　　）

18. OBU 与用户的账户资金安全直接相关联，因此具备防拆卸功能，一旦被拆卸，系统将启动保护机制，OBU 将无法正常工作。（　　）

19. 多段车速引导是指根据车辆行驶路径计算出驶离下游连续十字路口的最优车速引导区间。（　　）

20. 在实际工程应用中，不同车企会根据车路协同系统的实际性能进行绿波车速引

导系统优化算法的选择、有条件切换等系统设置。 （ ）

四、简答题（每题 4 分，共 20 分）

1. 简述车路协同系统对通信网络能力的要求。

2. 简述 RSU 的具体功能。

3. 详细阐述激光雷达的具体分类。

4. 简述高精度地图数据采集工作的注意事项。

5. 简述绿波车速引导系统作为一种主动交互式车速引导系统的工作过程。